Karl Franz Guolfinger von Steinsberg

Bischof, Prälaten und Nonnen

Karl Franz Guolfinger von Steinsberg

Bischof, Prälaten und Nonnen

ISBN/EAN: 9783741167027

Hergestellt in Europa, USA, Kanada, Australien, Japan

Cover: Foto ©Andreas Hilbeck / pixelio.de

Manufactured and distributed by brebook publishing software
(www.brebook.com)

Karl Franz Guolfinger von Steinsberg

Bischof, Prälaten und Nonnen

Bischof,
Prälaten und Nonnen.

———

Ein Scharmützel

im Garten zu Do***

———

1782.

Erste Scene.

Der Prälat von Do *** auf und abgehend.

Dich soll ich nun auf ewig verlassen, meiner Ruhe geweihter; durch meine Hände verherrlichter Garten! Was für eine bittere Erinnerung, dich jemals gehabt, hier in dieser Laube manche Lust genossen, dort an jener Terrasse manchen herrlichen Schmaus gegeben, an jenem Springbrunnen manchmal von stiller Freude und geheiligten Grazien eingewiegt, eingeschlummert zu haben? Ich will mich auf jenen grünen Skarpen hinwerfen, auf jenes Jägerhaus, so ich meinen und meiner Freunde Vergnügen baute, hinblicken, und vor Wehmuth sterben.   Ich unglückseliger Prälat, aus meinem Paradiese von einem

A 2   nem

4

nem Freygeisterischen Fürsten vertrieben, o
Jesu Maria! o heiliger Norbert!

(Sinkt nieder. Seine Einbildungskraft mahlt
ihm alle seine Gastereyen und Schwelge-
reyen lebhaft vor; er sieht den durch seine
Menschenfreundliche Verwendung gestürzten
Kreißhauptmann und lächelt; nun aber kehrt
die traurige Scene in seine Seele zurück, da
Er seines Silbers, seiner *) Kapitalien be-
raubt wurde: — und weint).

Zweyte Scene.

Vertrauter Mönch, der Vorige..

Vertrauter Mönch.

(Mit einer Flasche und 2 Trinkgläsern in der Hand).

Victoria! gnädigster Papa! Victoria, alles
gewonnen, nichts verlohren!

Präs-

---

*) Nebst einer Herrschaft von 10 Mayereyen,
und 49 Nonnen, ist: Vermög Inventar zu
Do**. vorgefunden worden: 1) An barem
Gelde, 20673 fl. 4 kr. 2) An Rentresten,
14289 fl. 45 kr. 3) An reinen Aktivkapita-
lien 81700 fl. 4) An Silber und Pretiosis
260 Pfund und 3 Loth. 5) An Freßzeug,
17 Cent. 68 Pfund Zinn, 4 Cent. 5 Pfund
Kupfer; 1 Cent. 52 Pfund Blech; noch
mehr an Mayolie und Hollzer Geschirr,
drey

Prälat.

Gott gabs und Gott nahms, sein Wille geschehe!

Vert. Mönch.

Nichts nahm er, nichts. Vorerst eine Dosis Wertheimer, Euer Gnaden, und hat diese himmlische Medicin, wie sie es immer zu thun pflegt, die leidige Schwermuth von Euer Gnaden hoher Seele weggeschwemmt, dann gnädigster Papa einen wohlmeinenden Rath von Dero devotesten Knechte. Einen Rath, den der heilige Norbert nicht besser geben kann, der soviel werth ist, wie dieser Nektar. — Auf langes Wohlleben Reverendissime, Klu lu lu lu lu lu. O Wertheimer! o Wertheimer!

Prälat. (Nach einigen Seufzern).

Geh! leichtsinniger Freund, mir schmeckt nichts mehr, alles ist mit Galle vermischt.

A 3   Die

<hr/>

drey prächtige Aufsäze. 6) Getraidresten für 8077 fl. 8 kr. 7) Vorräthige Effekten für 11933 fl. 59 kr. Im Keller für 4000 fl. Wein, nebst jenem Lieblinge, 1 Faß Wertheimer.

Dieser Garten, jene Lusthäuser, jene Keller,
mein Pallast, meine Herrschaft, alles, al=
les ist verlohren; und ich armseeliger Prä=
lat, — ich mit zwey Gulden täglich abge=
speister Landstand, bin nichts mehr! —
Alles, alles ist verlohren.

Vert. Mönch.

Nicht ein geweihter Floh einer ihrer lie=
benswürdigen Nonnen, gnädigster Papa.
(Der Prälat trinkt, wird heiterer.) Ich erhielt
eben einen Brief, daß, nachdem sich die Klo=
sterjungfern zu *) Brix entschlossen hätten,
Ursulinerinnen zu werden; so hätte sie der
Kayser wie zuvor in ihrem Kloster gelassen.
Wenn nun Euer Gnaden Dero Nonnen auch
per=

---

*) Die Klosteroberin und Aeltesten, haben aus
einer gegründeten Verachtung der Welt, weil
sie nemlich alte Jungfern sind, und aus Liebe
zur bequemen Bigotterie mit dem wohlweisen
Magistrat zu Brix, diese Finte erfunden, um
die übrigen Nonnen, die sich so sehr nach der
ihnen zugestandenen Freyheit sehnten, zu
zwingen, noch länger in ihrem Kerker zu
schmachten. O wenn doch der Landesfürst
sie einzeln vernehmen ließe, liegt es ihm dar=
an, sich der Menschheit zu erbarmen!!!—

perſuabiren ein gleiches zu thun, ſo ſezen
Euer Gnaden dem Miniſterium eine Brille
auf die Naſe, und behalten alles wie zuvor.

Prelat.

Wirklich? (voll Freuden) ach! Du ſprichſt
ja weiſer als Salomo! Mir fällt ein Stein
vom Herzen, (hat zuvor eine Flaſche ausgeſtochen)
ich freue mich recht kindiſch darüber, dem Prälaten von Str** Nachricht davon zu geben;
Er und meine angeſehenen Freunde, die ich ſo
oft und ſo königlich bewirthet habe, und deren es bey Hof und zu Prag eine Menge giebt,
werden mir beyſtehen, werden ihren Freund
retten!

Dritte Scene.
(In der Klauſur. Im Parlatorio.)
Zwo jüngere Nonnen.   Electa und
Michaela.

Electa.

Freu dich, liebe Schweſter, der Prälat hat
nichts beym Monarchen ausgerichtet. Wir
dürfen hinaus. O wie will ich des Lebens
genießen, mit welchen Freuden dieſen Kerker

alle-

fliehen, wie die verlohrnen Tage wieder
einbringen. Ach Schade nur für die rosen-
farben Tage meiner Jugend! Dann wenn
ich in freyer Luft, in Wonne und Entzücken
hintaumele; dann soll der aufrichtige Seufzer
zu Gott Wohl und langes Leben für den
Schützer aller Menschen anflehen, der mir
ein zweytes Leben gab.

Michaela.

Hast Recht, liebe Schwester. Endlich
werden wir dieser Gürteln, dieser Breviere,
dieser Werkzeuge der Schwermuth, dieser Fesseln des Aberglaubens los werden.
Der liebe Kaiser hat der beleidigten Menschheit ihr ursprünglich natürliches Recht gelten
gemacht; Gott mach ihn dafür gesund, erhalt ihm sein Gesicht, erhalt' ihn der Menschheit, und nie mög er den schleichenden Pfaffen trauen, die um so gefährlicher sind, je
gelehrter sie sind, oder es zu seyn scheinen.
Im Grunde ihres Herzens sind sie doch Fein-
de der Menschen und des Staats! denn Sie
sind Pfaffen!!! Bst! Stille! unsere Oberin kommt, die es nicht leiden kann, wenn
unser eins ein Bißgen vernünftig spricht.

Vier-

i

Vierte Scene.

Oberin. Elisabetha. Vorige.

Elisabetha.

Gelobt sey Jesus Christus!

Beyde.

In Ewigkeit. Amen.

Elisabetha.

Ach du Gekreuzigter, was erlebten wir
nicht für Zeiten! — Gott sey uns gnädig, meine Kinder, den wir jederzeit mit vereinigten
Gebethern verehrten, entfernt von dem welt-
lichen Geräusche, von den Schlingen, die der leidige Satan † † † den schwachen Menschen legt.
Und nun, du ewiger Erbarmer, sollen wir uns
trennen! Das ist die Strafe des Himmels,
☉ daß Gott unseren Fürsten erleuchten, oder
von der Welt nehmen möchte, der uns so in
der heiligen Andacht stöhrt, o! daß alle seine
Rathgeber ewig verdammt würden!

Michaela.

Nein, das wolle Gott verhüten, unser
Landesfürst ist unser Vater mehr als unser
Beherrscher.

Eli-

Elisabetha.

Ich glaube in diesen heiligen Mauern gar eine Gottesläſterin zu hören? Nimmt mich nicht Wunder, die Jungfer iſt in einen Officier verliebt, man ſpricht garſtig davon; ſie hat ihr Herz entweihet. Sie iſt im heiligen Schafſtalle, das auſſätzige, das räudige Schaf. Sie iſt die Urheberin alles Unheils unſeres Kloſters; die einzige Urſache der Geiſſel des Himmels, ſie wird ewig in der Hölle brennen.

Michaela.

Daß doch die Frömmigkeit, die Andacht ſelbſt — von allen etwas aufgeklärten Menſchen immer am Schlimſten ſpricht.

Elisabetha.

Was plappert ſie da?

Michaela

Daß Gott mein Herz beſſer kenne, als Sie, hochwürdige Mutter.

Fünfte Scene.

(Es kommen mehrere Nonnen darzu; die Alten mit traurigen, die Jungen mit fröhlichen Gesichtern. In der meisten Nonnen Augen schimmert die Wonne, ein Resultat von der lebhaften Vorstellung künftiger Glückseeligkeit, die uns zwar Natur und Religion gewähren, welche aber diese Unglücklichen dem Aberglauben bisher aufopferten. Das schärfere Aug des Menschenkenners sieht hier eine Auferstehung der Natur vormals geschlachteter Herzen; es sieht den Namen des Landesfürsten, der sie, Gott ähnlich, auferweckte, — auf dem Throne der Freude, der Tugend und der Wohlthätigkeit, mit heißen Wünschen und Segnungen überschüttet. — Doch ist diese herrliche Scene mit einem dünnen Flor von affektirter Frömmigkeit überzogen, der dem blöderen Auge sie ganz entzieht, dem schärfern interessanter macht.

Sechste Scene.

(Der Prälat von Str**. der Prälat von Do** und der vertraute Mönch kommen. Jener dünner Flor verwandelt sich in grobes Tuch bey ihrer Ankunft. Die sichtbare Freude tritt ganz in ihre Herzen zurück, und man sieht
um

um und um, Emanuelas Geſicht ausgenom=
men, nichts als lauter Nonnengeſichter.
Einige von dieſen Kloſterjungfrauen küſſen
mit tiefſter Ehrfurcht der beyden Prálaten
Hánde; dieſe aber ſtellen ſich an, als ob ſie
dabey gar nichts empfánden, und doch wa=
ren darunter noch ganz junge Nonnen und
auch ganz hübſch! — Ein Wink entfernt ſie
auf einige Augenblicke.

Der Prálat von Do** zu ſeinem Kollega.

Hier führ ich Ihnen, Reverendiſſime,
den vertrauten Mónch auf, der unter ſei=
nem eigenen Namen wider die Aufhebung der
Klóſter ein Werk drucken lies *).

Prá=

---

*) Unter dieſem Titel erſchien vermuthlich zu
München eine Broſchüre, die von dem Hab=
ſpurgiſchen Hauſe und vom Kaiſer ſehr viel
ungegründetes, grobes, pfáffiſches enthált.
Der Prálat von Str**. hat es mit Entzü=
cken geleſen, hat es Anfangs May als ein Werk,
an dem nichts auszuſetzen ſey, angerühmt.
Darum hat man dieſem Dramatiſchen Ge=
dichte dieſe Perſon einverleibet, welche die
einzige erdichtete iſt, die übrigen ſind alle,
und das ganze Faktum, — mit andern Wor=
ten — wahr!!!

Prälat von Str"

Laffen Sie sich umarmen, würdigster
Mann, ich bin, seitdem ich Ihr Werk gelesen,
Ihr zärtlichster Freund. Ein Werk, darinn
kein Wort überflüßig und umsonst ist. Lauter
gründliche Wahrheit. Das sollte der Kai-
fer lesen; dem haben Sie es recht gesagt. Darum haben sie es auch zu Wien verboten.

Vert. Mönch.

Aber man hat dieses Werk jämmerlich
zugerichtet. Man hat in einem Nachdruck
die fürstlichen Namen weggestrichen, und ein
Ketzer hat Noten dazu gemacht, worüber
ich vor Galle zerplatzen möchte.

Prälat von Str**.

Gott wird ihn strafen, das sind Zeiten,
das sind Zeiten!

Siebende Scene. Anfangs May 1782.
(Es erscheinen alle 49 Nonnen).

Prälat von Str**.

Zittert, ach zittert nur, euer Schmerz ist
gerecht; nun ist die Stunde gekommen, da
ihr

ihr einen Kirchenraub begehen, da ihr euerm
heiligsten Orden die ihm auf ewig dargebrach-
ten, die ihm geweihten Herzen rauben sollet.
Ihr habt wohlbedächtlich diesen Weg er-
wählt, die ewige Seligkeit zu erringen, denn
was nützt es dem Menschen, sagt der goldene
Mund, wenn Er auch alle Reichthümer be-
säße, und die Seele darüber verlohren gien-
ge! — Man hat bisher sorgfältig und vä-
terlich eure Schritte beobachtet, damit ihr
keinen Fehltritt thun möget! nun aber wirft
man euch aufs brausende Meer, euch Aermste,
die ihr das Rudern nicht versteht; die Wel-
len, die ihr mit euern schwachen Armen nicht
zurückschlagen können werdet, werden euch
verschlingen.

(Während daß der Prälat auf die zweyte Pe-
riode seiner Rede studiert, sagt

Elisabetha, ungefehr eine Sechzigerin, tief-
seufzend:)

Mein Gott, wie leicht kann unser eins
verführt werden!

Der Prälat von Stt**.

Der Landesfürst sieht dieses nicht so gut
ein, und kann es auch nicht so gut einsehen
wie

wie wir, denn er ist nie ein Prälat gewesen;
wir aber sind Prälaten. Und was würde
endlich aus dem Staate werden, hätte der
Kaiser keine Prälaten bey der Hand, auf deren Schultern die ganze Monarchie ruhet.
Wir wissen, wie der heilige Jungfernstand im
Himmel allen andern Tugenden weit vorge-
zogen und in alle Ewigkeit verherrlichet wird,
und wir wissen, wie gebrechlich dieser heilige
Jungfernstand sey; denn wir sind Prälaten.

Eine Funfzigerinn.

Ja wohl wahr, Gott behüte unser ei-
nes! —

Prälat von Do**.

Daher meine lieben Jungfern müssen wir
alles anwenden, um dem Himmel und dem heiligen Norbert, dem wir unsere Herzen dar-
brachten, nicht untreu zu werden; denn da
er bey Gott in großem Ansehen steht, so würde Er uns auch untreu werden, und Gott
leicht gegen uns erbittern, weßfalls wir denn
ganz gewiß des ewigen Todes würden.

Die

Die Funfzigerin (mit Klosterzärtlichkeit.)

Ach gnädigster Papa, wir wollen alles thun, wenn wir noch ein Mittel haben, hier in diesen heiligen Mauern uns zu erhalten.

Prälat von Do˙*.

Der Landesfürst, Gott erleuchte seinen Verstand und erweiche sein Herz, hat die Klosterfrauen zu Brix in ihrem Stande gelassen, weil sie den heiligen Geist hörten, und alle einmüthig, gewiß konnte das ihnen nur der heilige Geist eingeben, Ursulinerinnen werden wollten. Nun wenn ihr euren heiligen Schuzengel, wenn ihr den heiligen Geist, der sich den Brixernonnen sichtbarlich offenbarte, geneigtes Ohr zu verleihen ohnermangelt, so thuet das nemliche, und bedenket, daß ihr dadurch eure Seelen von dem ewigen Feuer errettet.

Electa.

Gnädiger Papa, wenn mich der Fürst in dem Orden, den ich mir erwählte, nicht duldet, so verlang ich meine mir verheißene Freyheit, denn zu dem Orden der heiligen Ursula fühl' ich keinen Beruf.

Meh-

Mehrere.

Ich auch nicht, ich auch nicht!

Der Prälat von Str**. (darüber erschrocken, sagt:)

Gott im Himmel, wär es möglich! Ich erstaune über euch. Der Satan muß euch verblendet haben. Wir wollen für sie ein Vaterunser beten. (Sie beten.) Ihr fühltet keinen Beruf im Kloster zu bleiben? Meint ihr, daß euch der Landesfürst von eurem Gelübde lösen kann? daß es keine Todsünde sey, nur den Wunsch, davon losgesprochen zu werden, zu äußern? Und glaubt ihr, daß es dem heiligen Vater, dem euer Heil am Herzen liegt, und der unfehlbar ist, denn er ist Statthalter Gottes, daß er es, sage ich, jemahls thun werde? Und seyd ihr nicht sträflich, wenn ihr euer Gelübde verletzet? Ich sag euch also, der ich mit dem heiligen Vater die höchste Gnade hatte zu sprechen und seinen heiligen Fuß zu küssen, ich sag euch, der heilige Vater will nicht euer Gelübde lösen. Nun geht, von Gott und dem heiligen Norbert verlassen, wie Kain

B   der

der Mörder, und heult Verzweiflung in die Felsen der Wüsten, ihr Mörderinnen eueres Seelen! Geht, von mir und dem heiligen Vater im Namen Gottes des Vaters † und des Sohnes † und des heiligen Geistes † verflucht! Gewissensbisse mögen euere ungetreuen Herzen zerfressen, die Sünde eure Seelen umnebeln, und der h. Norbert in eueren lezten Zügen sein Antlitz von euch abwenden; der heilige Norbert, der sonst eure tugendhaften, euere unbefleckten Seelen von den Lippen eures Mundes aufgefaßt und zum Throne des Allmächtigen getragen hätte im Triumpfe! — Nun aber wird der leidige Satan eure Seelen ergreifen und das Hohngelächter der Hölle wird sie empfangen. (Hier weint der Prälat vor heiligem Eifer und — Galle.)

Die Nonnen (zittern. Eine 55jigerinn sagt geängstigt:)

Ach! — wir wollen ja unserm Gotte treu bleiben ewiglich! —

Der Prälat von Do**.

Thut es doch, und seht nur euer Beßes vor Augen. Ihr sollt öfters in Hinkunft Duplex haben; dürft öfters zur Ader lassen, öfters

öfters unter uns ſpeiſen, ausfahren, öfters
ins Parlatorium kommen, wollen euch hüb,
ſche Bücher, als z. B. den galanten Bauer,
und dergleichen verſchaffen, kurz, es ſollen euch
alle chriſtlichen Freuden im vollen Maaße ge.
währt werden. Euch, die ihr getreu euerem
Orden verbleibet. Zudem dürft ihr nur
den Namen der Urſulinerinnen annehmen,
und im Herzen doch immer bleiben, was ihr
jetzo ſeyd und was ihr immer geweſen. Dürft
z. B. dieſes Kleid des heiligen Norberts un,
ter dem, und näher alſo am Herzen unter dem
Kleide der heiligen Urſula tragen; und das
äußerliche jenes Ordens nur obenhin, nur ne,
ben bey, ſchlecht weg erfüllen. Damit wird
ſich der Fürſt beſänftigen, und euch an dieſem
heilſamen Wege der Seligkeit belaſſen. Ent,
ſchließet euch alſo, und ihr, die ihr euch nicht
entſchließen werdet, zittert vor der Strafe
des Himmels. Wir werden es dahin einlei,
ten, daß ihr gezwungen werden ſollet, im
Kloſter in unſerer Gewalt zu verbleiben, und
dann ſoll euch euer Muthwille vertrieben
werden.

Eine

Eine junge Nonne.

Der Landesfürst hat es uns frey gestellt,
ob wir bleiben wollen oder nicht, und daß sich
dieser Gnade der heilige Vater widersetzen sollte, Er, der selbst die Klöster abschaffen läßt,
und so viel Weisheit besitzet, ist, denk ich,
ein bischen schwer zu glauben.

Prälat von Str**

Wie thöricht seyd ihr, ihr glaubt, daß es
euch der Fürst hat freystellen können, was hat
denn der Landesfürst dem Himmel fürzuschrei-
ben? Ihr gehört nicht dem Landesfürsten,
ihr gehört dem Himmel. Gewalt geht freylich für Recht; aber können wir den blöden
Monarchen zurechte weisen, so thun wir dar-
an ein gutes Werk. Und über alles das,
meint ihr, daß euch die gebratenen Vögel
in die Mäuler fliegen werden? und daß sich
die Hasen die Felle abstreichen, an den Spieß
stecken, braten, zerlegen und euch bitten
werden, damit ihr sie essen möget? Nein, in
der Welt werdet ihr alles mit euren Hän-
den angreifen, und euch verschiedenen unge-
wohnten schweren Arbeiten unterwerfen müssen. Denn wo wollt ihr mit einem halben

Gul

Gulden hinkommen? Ihr versteht nichts von
der Welt, man wird euch auf allen Seiten
betriegen. Der Hunger, die Noth und tausend euch itzo unbekannte Bedürfnisse werden
euch zur Verzweiflung bringen. Der Satan wird diese Gelegenheit nützen, und euch
den Begierden der Wollüstigen ausliefern,
und mit eurem Jungfräulichen Kranze ver-
welkt auch eure Seele. (Die Jungen unter-
drücken darüber ein schelmisch Lachen, die Alten
machen ein Kreutz. Der Prälat räusperte sich, und
lenkte nach einigen Minuten folgendermassen wieder
ein:) Wo sind die Zeiten, da noch eine heil.
Maria Magdalena von Pazzi lebte? Für ihre Tugenden erhielt sie im 17ten Jahre die
Gabe der Weissagung und der Wunder.
Mit Freude ließ sie sich von der Mutter Prio-
rin die Hand auf den Rücken binden und bis
aufs Blut geißeln. Im Sommer und Win-
ter war ihr Rock aus Flicken und Lumpen zu-
sammengesetzt, ihre Hände beständig braun
gefroren. Sie schlief auf der Erde und
geißelte sich alle Nacht. Hatte dafür auch
seltsame Entzückungen. Einst sah sie eine
vollkommene Einheit in einer unzertrennlichen

B 3   Drey-

Dreyfaltigkeit. Sie dachte über das Ge-
heimniß der Menschwerdung nach, und ihre
Andacht verweilte vornehmlich bey den Worten: Das Wort ward Fleisch. Sie fiel
in eine Entzückung, welche vom Abend um
5 Uhr bis zum folgenden Morgen dauerte.
Sie rief: das ewige Wort ist in dem Schooß
des heil. Geistes unermeßlich groß, aber in
Marien Schoos ists nur ein Pünktchen.
Gott Vater, Sohn und heiliger Geist besuch-
ten sie wechselsweise. Christus vermählte
sich mit ihr in Gegenwart des heil. Augustin
und der heil. Catharina von Siena. Die
bösen Geister warfen sie manchmal die Trep-
pen herunter, und ihre Keuschheit kam auch
sehr auf die Probe. Der Geist der Unreinig-
keit gab ihr die größten Abscheulichkeiten ein.
Aber sie, beherzt genug, kam dergleichen
Anfechtung zuvor, gieng, um ihr zu wi-
derstehen, in den Holzstall, band ein Bün-
del Dornsträuche los, machte sich daraus ein
Lager, entkleidete sich und wälzte sich darauf,
so lange, bis ihr ganzer Leib über und über
eine Wunde war, und das allenthalben her-
vorströhmende Blut das Feuer auslöschte,

das

das der böse Geist in ihr entzündet hatte.
Wo ist unter euch eine M. M. Pazzi? Ihr
alle seyd ausgeartet!

Die junge Nonne.

Gnädigster Papa, wir erfüllen jederzeit
pünktlich, ohne Rücksicht auf irgend eine Pazzi, — unsere Ordensregel, damit ists gut.
Was die vorigen Gründe anbetrift, so ist
es wahr, daß wir in vielen Dingen un-
erfahren sind, daß aber die Verheissungen und
Gebote der Religion nicht stark genug seyn
sollten, sie allen Versuchungen entgegen zu
sehen, sollte mich wundern. Gesetzt auch,
eine von uns möchte der Gewalt, der Noth,
der Versuchung und der Verführung un-
terliegen, so ists keine vorsezliche Sünde, so
ist Gewalt von Aussen und Schwäche von In-
nen ihr Fall, und es wird über einen Sünder,
der Buße thut, viele Freude im Himmel.
Daß wir mit einem halben Gulden nicht sollten leben können *) ist abermals falsch. Es
leben tausend Menschen mit noch viel weniger,

B 4 frey-

---

*) Diejenigen, so in weltliche Kosten treten, er-
halten jährlich 200 fl.

freilich wohl kümmerlich: aber sorgloses Wohl,
leben ist ja nicht des Menschen Bestimmung?
Es ist menschenfreundlicher geurtheilt und
auch wahrscheinlicher, daß uns die Noth, sol-
ten wir einige zu befürchten haben, zwingen
werde eher zu arbeiten, als uns den Wollü-
sten zu ergeben.   Daß wir in der Welt weniger bequem und mehr den Versuchungen
ausgesetzt seyn werden, ist wahr.   Aber sollen wir denn nicht mit der Welt, mit dem
Fleische und dem Satan streiten? Sollte das
Himmelreich ohne allen Streit erobert werden können? Wir sollen hier kämpfen, und
wir weichen allen Kämpfen aus; wir deserti-
ren gleichsam aus der Schlacht, verbergen
uns sorgfältig vor allen Anfällen, und wir
sollten dafür im Himmel auf höhern Stuffen
stehen? Warum denn? Weil wir uns in gar
keinen Streit einlassen wollen? Nein; viel-
mehr glaub ich, daß außerm Kloster die Leute
mehr Gelegenheit haben sich Verdienste zu
sammeln.   Das Christenthum besteht nicht
in Brevierbeten, Chorquitschen und dergleichen
Kinderpossen mehr, es besteht in thätiger Men-
schenliebe und guten Werken.   Wie aber,

um

um Christi willen, können wir diese ausüben?
Wir, die wir von der Gesellschaft ganz abge=
rissen sind, deren Herzen mit Unzufriedenheit
angefüllt, alle Empfindungen der Menschheit
verleugnen müssen; wir, von dummen, un=
barmherzigen Anverwandten in einen geheilig=
ten Kerker auf Zeit unsers Lebens gesteckt, wir,
deren Handlungen alle nicht aus dem reinen
Quell der Religion, sondern aus dem schwar=
zen Aberglauben hervorsprudeln, wir, die wie
in diesen Mauern einander hassen und verfol=
gen, unterjocht von dem Eigensinne der Eltern
und der Oberinn; wir, die wir mit unver=
lezter Natur armseliger sind, als die Ver=
schnittenen in türkischen Seraïlen, wie sollen
wir nur die Fähigkeit haben tugendhaft zu
seyn, und den Himmel zu verdienen? Ver=
nunft, Natur und Religion sind es, die den
Fürsten bestimmten, diese Fesseln der Schwär=
merey zu brechen; und weh! tausendmal weh
über euch Prälaten, wenn ihr die Befehle des
liebreichen Fürsten mit fein gewebten, aus
Andächteleyen und falscher Politik geknöteten
Lügen entkräften, und vom wahren Zwecke
ableiten werdet, damit ja noch länger dieser
                                        Prä=

B 5

Prälat, der zwanzig Jahre hindurch mit unsern Einkünften seine Freunde und sich selbst genähret, in dem glänzenden Prafferstande erhalten werde! Wir wollen befreyt seyn von diesen Fesseln. Wir werden euch, wenn ihr sie befestigen solltet, unaufhörlich fluchen, und der Schöpfer der Natur muß uns hören, muß euch strafen, die ihr euch wider jene heilige Natur versündiget. Er wäre ungerecht, wenn Er sich so vieler wehrlosen Geschöpfe nicht erbarmte, die ihr auf ewig unglücklich zu machen sucht; die verschlossen jammern, ihre Haare zerraufen, und die Stunden ihres Daseyns verfluchen werden. Vereinigt eure Kräfte mit den Meinigen, ihr lieben Schwestern, in deren Busen noch einige Funken von Menschlichkeit leben; deren Blut noch nicht kalt, deren Geist noch nicht ganz kraftlos geworden, widersetzt auch mit mir den unverzeihlichen Absichten wollüstiger, schwelgerischer Prälaten, die mit unserem Unglücke ihren Glanz erneuern, und den Landesfürsten auf das Schändlichste hintergehen wollen. Traut ihren glatten Worten und leeren Versprechungen nicht, sie würden es mit uns eben so

machen

machen, wie zu Prag bey St. G**. geschieht,
da den Nonnen von ihrer halben Gulden die
Helfte abgezwacket, und indem sie elend leben müssen, die Oberinn indessen die Dom-
herren herrlich bewirthet. Ruft weh über
sie, und jammert so lange, bis ihr der Prälaten Herzen erweichet oder sie, aus Furcht
verrathen zu werden, ihre Absichten aufgeben.
(Die beyden Prälaten schlichen ganz betretten
davon, alles war mit Zerstöbrung, Mißver-
gnügen, Leiden und Aengsten angefüllt.)

Achte Scene.

Nonne Emanuela und der Prälat von Do*.

Eman. Ach, gnädigster Papa, was hab
ich für Aengsten!

Prälat. Tröste dich, liebe Emanuela
wirst meinem Herzen immer die schäzbarste
bleiben. Beste Emanuela, wo sind die süßen
Augenblicke all? die schönen Sommertage,
da wir oft im Garten — ach laß uns deren
vergessen.

Eman. Kann man denn alles vergessen?
Als ich noch ihre schönen Hündchen, deren
sie immer eine Menge hatten, so rein hielte,
sie

sie uns in den Alleen vorliefen — und wir — wir — das alles vergessen? Und nun verschwindet alles auf einmal! Ich habe ausgelebt.

Prälat. Ich glaub nicht. Meine Freunde bey Hof sind groß. Die alten Nonnen werden mir attestiren, daß sie im Kloster bleiben wollen, einige Jungen werde ich mit Versprechungen, — einige Du und die Oberin, gewinnen, und die wenigen die sich nicht gewinnen lassen, werden nicht in Anbetracht kommen. Gieb nur Acht, der Hof wird auf unserer Freunde Vorstellungen — befehlen, ihr sollt Ursulinerinnen werden, und dann, ob ich an meiner Emanuela eine Ursulinerin oder Vorbeterin besitze, — das ist für mich, für Dich — und jene Lauben im Garten all eins!

Emanuela. An mir soll es nicht fehlen der heil. Ursula viele Anhängerinnen zu verschaffen, wenn nur die Tage der Freude wiederkehren.

(Sie sieht ihn starr an, seine und ihre Augen werden naß; Ihre Lippen zittern, — Ihre Knie wanken, — Sie sinken beyde nieder, und beten ein Vaterunser und ein Ave Maria, daß Ihnen vor Andacht der Schweiß ausbricht.)

Neun-

Neunte Scene, am 23sten May, 1782.

(Zu Prag in der Prälatur auf dem Str**. In
der Nacht um 12 Uhr. Der Tisch ist noch
seit Mittag gedeckt, einige Geistlichen und ei=
nige Unverwandtinnen des Prälaten sitzen
halb betrunken in der Runde; der Generalvi=
kar präsidirt in einem bräunen Ueberrocke mit
Gold. Er ist ungefehr 5 Fuß hoch, 3 Fuß
breit, trägt eine Perücke, wiegt bis 300 Pfund,
ißt gerne Wildpret und trinkt eben so gern
Rheinwein. Er spricht Küchenlatein mit vie=
ler Fertigkeit und ist nebst bey ein Utraquist,
ein Dóktor Theologiae und folglich ein Grund=
gelehrter Herr. Er hat zwar kein Weib, darf
nichts von praktischer Ehe und dergleichen
Materien aus Erfahrung wissen, aber er ist
doch ein Präsident beym Consistorium, wo
die Ehestreitigkeiten, Hurereyen, Schwanger=
schaften und physische Unfähigkeiten unter=
sucht und beygelegt werden. Dieses thut er
mit vieler Weisheit. Wo er solche Kenntniße
gesammelt, ist unbekannt. Uebrigens verdauet
Er gut, ist wohl auf, hat bis 20,000 Gulden,
aus apostolischen Renten zu verzehren, und
man nennt ihn: Ihro bischöfliche Gnaden;
ist also, wie ihr seht, ein Herr von hohem An=
sehen und unsterblichen Verdiensten.)

Eine Frau. Sie wollten also hinaus, die
Nonnen zu Pilsen? wollten nicht in ihrem
Kloster bleiben? haben sich an das Consisto=
rium, an Ihre bischöfliche Gnaden gewendet? --

Generalvicar. Allerdings, (will aufstehen,
trocknet den Schweiß von seinem Gesichte, seine

Behu

Beine sind schwach, er hat ein kleines Apostolisches Räuschgen, fällt in seinen Sessel zurück.) Allerdings wollten sie; aber ich hab sie kriegt, die Menscher, ich hab sie ausgezahlt! —

Frau. Wie denn, Ihr bischöfliche Gnaden?

Generalvicar. Ich habs halt so gedreht beym Consistorium, daß sie haben nichts ausgerichtet. Seyn die Menscher so lange drin gewest, mögen sie noch bishero darinnen ihr Verbleiben haben.

Prälat von Str**. Noch ein Gläschen Malaga. —

Generalv. Darf nicht, darf nicht. —

Prälat. Tockaner!

Generalv. Bleib schon bey meinem Magenwein.

Prälat. Haben ja gar nichts getrunken Euer Bischöfliche Gnaden.

Generalv. Zuviel ist zuviel, man bekömmt drüber Kopfschmerzen. Ja die Menscher die hätten gern mögen, ha, ha, ha, ihr wißt schon — die haben wir kriegt, — sie hätten freylich gern mögen — ha, ha, ha, und das Unheil reißt um sich, neulich wollt auch ein dum-

dummer Franziskaner aus dem Kloster, und
wir sollten das Gelübd lösen; ja da werden
wir gescheld seyn, da werden wir ihn eins her.
malen, warum ist er ein Franziskaner gewor.
den? Ich bin Jude, spricht der Jude, und
will als Jude sterben, warum nicht auch ein
Franziskaner?

Frau. Man hat sagen wollen, er wolle sich
oder andere umbringen, wolle lutherisch werden.

Generalv. Ha ha ha ha, — der Guar.
dian wird ihm schon den Muth austreiben, und
mags doch, was ist an einem so dummen
Mönch gelegen, ob er sich erhenkt oder nicht,
besser als daß er ein Skandal seyn soll.

(Endlich kommen die Bedienten, schleppen den
Herrn Generalv. in den Wagen, einige von
den Geistlichen trinken Wasser um die Hitze
zu dämpfen; und so geht die Scene nach
1 Uhr Nachts aus einander.)

*   *   *

Alles ist wahr, und zu Prag wohl bekannt.
Der arme Franziskaner verzweifelt, von seinen
Vorgesezten gepeinigt, und das Consistorium
will ihn nicht hören. Er hat seine Klage bey
dem Gubernium bereits eingereicht, — aber
was will ein armer Franziskaner ohne aller
Unterstützung gegen ein ganzes Consistorium
aus-

ausrichten? Wahr ist es, daß den Nonnen von
Pilsen, Brix und Do**. so mitgespielet wurde.
Den späteren Fortsezern der Geschichte von
Böhmen können diese Blätter gute Dienste lei-
sten. Ich bin von dem Faktum wohl unterrich-
tet, ich hab es auch mit aller Freymüthigkeit ver-
faßt und ich werde alle Fakta dieser Art sammeln
und mit eben dieser Freymüthigkeit bearbeiten.
Das Publikum wird es mir danken, und der
Hof? Wenn dieser es ernstlich untersuchen ließe,
so würde sich zeigen, daß dieses Blat kein Pas-
quil sey, wofür man es gewiß ausschreyen wird.
Aber man mag immerhin schreyen, – mag mich
für einen Pasquillanten halten, ich werde den-
noch fortfahren, alle Fakta dieser Gattung zu
publiciren. Ich bin überzeugt, daß dieser
Entschluß — wenigstens den Nuzen haben
wird, daß die Herren Prälaten und Bischöfe
nicht so leicht etwas wider die Kais. Königl.
Verordnungen unternehmen werden, immer
zur Schande der Menschheit!